수금을 울리다

남서울교회 동인 시집 5

수금을 울리다

지성찬 이난수 임만호 권은영 김국애 양효원
윤병옥 장정자 조규원 천옥희 최재은 한해경

창조문예사

 **축하의 글**

화종부(남서울교회 목사)

삶의 어느 한순간, 과거를 돌아보며 입가에 잔잔한 미소가 떠오르는 이들의 삶은 복되다 할 것입니다. 지금은 다양한 삶의 부름에 순종하여 각기 다른 교회에서 섬기고 있지만, '남서울교회'라는 잊을 수 없는 영적인 고향을 떠올리며 찬송의 시를 읊는 12시인들은, 그런 면에서 행복한 이들입니다.

제법 긴 세월을 각기 다른 삶의 자리에서 섬겼음에도 불구하고, 사랑하는 남서울교회를 잊지 않고 '45주년 기념 문집'을 내기 위하여 추억과 감사를 가진 이들이 함께 모였습니다. 주님이 허락하신 글을 쓰는 은사를 통해 찬양의 삶을 나누는 성도의 교제와 그를 통한 하나님의 영광을 기대하며 12인 공동 시집을 출간하게 되었습니다.

12시인들이 한때 남서울교회에서 같이 섬기며 교회를 세우는 일에 자신의 삶을 드린 귀한 분들이라 생각하니, 그저 행복하고 감사한 마음으로 축사를 즐거이 쓰게 됩니다.

우리는 자기 문제와 행복에 마음을 많이 빼앗기고 사는 시대를 살고 있습니다. 이러한 때에 이 시집이 서로를 돌아보아 격려하고 위로하며 붙들어 주고, 하나님을 향하여 감사하고 감격하는 귀한 통로가 되기를 축복합니다.

이 시집이 나오기까지 애쓰신 모든 분께 심심한 감사를 드리고, 하나님께서 잘 기억하시고 복으로 갚아 주시기를 기대합니다. 오직 하나님께만 영광!

"만일 누가 말하려면 하나님의 말씀을 하는 것같이 하고 누가 봉사하려면 하나님이 공급하시는 힘으로 하는 것같이 하라 이는 범사에 예수 그리스도로 말미암아 하나님이 영광을 받으시게 하려 함이니 그에게 영광과 권능이 세세에 무궁하도록 있느니라 아멘"

(벧전 4:11).

 **축시**

갈릴리 배 한 척

임만호 장로

한강 물 거슬러 올라
남산이 굽어보는
반포천 언덕

갈릴리 배 한 척 닻을 내려
말씀과 성령으로
장막을 세웠나니
남서울교회 사십오 년

복음의 씨알들
오대양 육대주
새순같이 순결하고
바울 같은 증인들이
여기저기
수만을 헤아린다

찬송의 향연은
하늘을 채우고
해도 달도 사철 따라
피는 꽃들도 주께 찬양 드리나니
어찌 수금을 울리지 않으랴
하늘엔 영광 영광
땅 위엔 성령으로 충만하리니
아멘 아멘으로 화답하노라

 **차례**

축하의 글_ 화종부(남서울교회 목사) • 4
축시_   임만호(시인) • 6

지성찬 • 11
감자꽃 필 무렵 • 세상 빛에 눈이 멀어 • 부러워할 것 없다
참 웃음 • 겨울, 화석정에 올라 • 소 그리고 그 뼉다구
믿음에 대하여

이난수 • 21
그대의 모습 • 겨울 숲에서 만난 환상 • 난초 • 눈물 • 돌
어느 날 문득 • 당신에게서 나의 의미는

임만호 • 33
묘비석 • 고향 예배당 • 오늘 아침 2 • 나의 영혼 • 엄마
해님 달님 • 사랑방

권은영 • 43
해님이 서산으로 가는 사연 • 믿음 2 • 보리피리 내 고향
호드기의 추억 • 메르스는 가고 • 불청객 코로나바이러스
배꽃 마을

김국애 • 59
고마운 해국 • 감꽃 목걸이 • 만산홍엽 • 봄의 기별
어머님 전상서 • 피클을 담그다 • 눈물의 환희

양효원 • 73
기도 • 길 • 봄밤 • 아름다운 사람 • 임재 • 어느 한순간에
다독다독

윤병옥 • 83
　　원추리꽃 • 봄날 • 길상사에서 • 새벽에 • 칸나 • 잔설 • 항아리

장정자 • 93
　　동행 • 그리움 • 나의 자매 • 라일락꽃 향기처럼 • 심방 • 어머니
　　꽃비가 내립니다

조규원 • 109
　　산 위에서 듣고 • 신앙생활 • 주의 일 할 때에 • 놀라운 변화
　　갈급 • 요즈음 기도 • 예배

천옥희 • 121
　　녹차밭 • 그분 • 생명의 빛 예배당 • 파도 소리 • 그 손 • 함박눈
　　날마다

최재은 • 131
　　갯벌 • 봄의 부름 • 그 봄날처럼 • 경청하는 경이로움
　　그분의 음성 • 나 비록 작지만 • 비가 오면

한해경 • 143
　　강물로 흐르네 • 당신은 화가 • 동백꽃 • 미로
　　신호등을 기다리며 • 알바트로스 • 수국

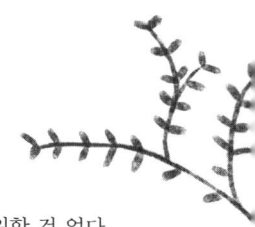

지
성
찬

감자꽃 필 무렵 · 세상 빛에 눈이 멀어 · 부러워할 것 없다
참 웃음 · 겨울, 화석정에 올라 · 소 그리고 그 뼉다구
믿음에 대하여

감자꽃 필 무렵

감자꽃 필 무렵에 돌아가신 우리 엄마
마흔두 살 그 나이가 꽃 같은 나이인 것을
반백 년 흐른 후에야 비로소 알게 됐다

엄마 생각하며 감자를 심기로 했다
엄마의 가슴처럼 봉긋한 둑을 만들어
생살을 쪼갠 씨감자를 깊숙이 파묻었다

올여름 피게 되는 감자꽃을 보게 되면
엄마의 얼굴 보듯이 찬찬히 살피면서
못다 쓴 슬픈 사모곡 다시 한번 써 보리라

세상 빛에 눈이 멀어

세상 빛이 하도 밝으니
하늘의 별 뵈지 않네

어릴 적 잘도 뵈던
하늘의 맑은 별들을

까맣게
잊고 살았네
세상 빛에 눈이 멀어

부러워할 것 없다

깡마른 싸리나무가
큰 고목을 부러워했다

나는 언제 저리도
큰 나무로 자랄 수 있나

어느 날
무서운 톱날에
발목이 잘린 고목

참 웃음

작은 꽃은 화려한 꽃을
부러워만 했었다네

길을 가던 나그네가
화려한 꽃을 꺾어 간 후

가슴을
쓸어내리며
활짝 웃은 작은 꽃

겨울, 화석정에 올라

화석정(花石亭) 올라서서 한 하늘을 바라보네
그 아래 흐르는 도도한 물길을 따라
언제나 낮은 데로 흐르는 강의 힘을 보았네

한여름 소리 높았던 들풀들은 어디 갔나
자랑하던 꽃잎들도 소리 없이 떨어지고
한 폭의 바람 속으로 낙엽들이 쓸려 가네

흙에 뿌리박고 살아가는 풀과 나무
그 속에 살아가는 벌레와 짐승들이
이 겨울잠을 자면서 묵시록(默示錄)을 다시 쓰네

돌도 오래되면 꽃으로 피는 걸까
멀리 선 산맥들이 달려가는 하늘가에
내일은 또 어떤 꽃이 피고 또 질 것인가

소 그리고 그 뼉다구

충성스런 마음이야 소를 따를 수 없다
진흙의 논밭을 갈며 어깨뼈가 부서져도
한 마디 불평도 없는 천하장사 풍모라니

죽어서는 안심 등심 갈빗살을 내어주고
가죽은 통째로 벗겨 옷과 구두가 되네
뼉다구 몇 번을 울궈먹고도 눈 하나 깜짝 않는 사람

믿음에 대하여

화려한 나뭇잎도
버릴 수 있는 것은

알몸으로 이 겨울을
승리할 수 있는 것은

꽃으로 태어날 수 있는
봄을 믿기 때문이지

이
난
수

그대의 모습 • 겨울 숲에서 만난 환상 • 난초 • 눈물
돌 • 어느 날 문득 • 당신에게서 나의 의미는

그대의 모습

이쯤에 와서야
그대의 모습이 바로 보인다

불의 깊이
물의 깊이 지나서
스스로
살갗이 비치는 오늘

이쯤에 와서야
그대의 모습이
밝지도
어둡지도 않아서 좋다

겨울 숲에서 만난 환상

내가 만난
겨울 숲에서
신발을 끌며 걸어 나오는
그대

하늘 끝
어디에선가
새하얀 축복의 꽃가루 내려
숲이 젖고
그대가 젖는다

돌아갈 수 없어
서성이던 자리
비어 있는 것은
비어 있는 것끼리
문풍지 흔들며 울고
완벽하게
허기진 겨울

앙상한
갈림길에서
빛나던 시간을 거두며
청하는 악수를 받지 못하는
우리는
서로에게 섭섭한 의미로 남아
속으로만 흐르는 강물일까
스쳐 가는 바람일까

난초

그윽한 뜻으로
물가에 선
너는
가녀린 눈짓이다

바람 불면
물결 소리

안으로만 익히는
향기로 피어
꽃들이
시새움 하는 화원에서
하나의
고고한 의미이고 싶다

눈물

한 자루의 촛불을 밝히고서야
비로소
그대의 눈에 고인
눈물을 보았습니다

내가
보다 젊었을 때는
그 눈부심 때문에
그대의 눈에 고인
눈물을
볼 수 없었습니다

눈물은
안으로 삭히면 삭힐수록
정갈하여
삶 속에서
옥처럼 빛나고 있습니다

돌

너는
돌 하나

마냥 잔잔한
호수 위에 던져진
운명의 돌 하나

바람 일고
파문 치던 그 날
너는
석고상

울고
웃고
그래도 너는
석고상

하늘과 땅 사이에

너를 향한

나는

마음 하나

종교 하나

어느 날 문득

친구야
어느 날 문득 우리는 헤어지리
이 세상에서 환하게 웃던
그 설레던 만남을
다시 약속하며
하던 일 모두 놓고
가진 것 모두 두고
어느 날 문득 우리는 떠나가리

그날
태양은 더욱 붉게 타오르고
희디흰 찔레꽃 무더기로 피어
뻐꾸기는 더 슬피 울고
친구야
어느 날 문득
내가 먼저, 혹은 네가 먼저
이 세상 끝에서
작별의 악수를 나눌 때

서로 보듬어 사랑했던 시절
가슴에 담으며
친구야
우리는 서로 웃으리

당신에게서 나의 의미는

당신에게서
나의 의미는
매일처럼 얹혀지는 무게였습니다

스스로
질 수 없는 무게를
당신의 무게 위에 포개어
당신은 언제나 빈손이지 못하고
당신은 언제나 빈 발이지 못하고
그림자마저도
무겁던 나날

당신에게서
나의 의미는
매일처럼 더해지는 무게였습니다

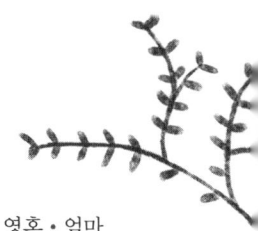

임
만
호

묘비석 · 고향 예배당 · 오늘 아침 2 · 나의 영혼 · 엄마
해님 달님 · 사랑방

묘비석

우한의 역병
코로나19
구름으로 비를 몰고
황해를 건너와
엄지 검지로 집어낼 수도 없어
허겁지겁
내몰린 생명
산마루 잔디밭 무덤 하나
홀로 서 있는
묘비석에
고향 까마귀
날아와
통곡의
문상을 한다

고향 예배당

산기슭 강변 언덕
십자가 종탑
아랫마을 새벽녘
언제나 기다려 같이 울리는
교회 종소리
강물도 멈춰서 듣는다

은은한 찬송
할머니 무릎 기도
초가지붕 격자 한지 창
남포 불빛 가물거리며
새어 나온다
오늘도 귓전에 은은한
고향 예배당
새벽 종소리

오늘 아침 2

한 날이 나에게 왔습니다
나의 식탁에
나의 배를 채울 빵과
물이 한 잔 가득합니다
나의 허물을 감싸줄 아내
나를 꼭 필요로 하는
해맑은 자녀가 있습니다
내 인사를 받아 줄 이웃을
오늘도 만날 것입니다
당신의 말씀이
나의 생명이 되었습니다

나의 영혼

흙으로
빚었어도
흙이 아닙니다
당신을 닮게 하신
영혼입니다
꽃처럼
아름다운
사랑 하나 담아 놓은
영혼입니다

엄마

엄마는
태초의 언어
나에겐 호흡의 시작
멀리 더 가까이 부르는
사랑의 언어
알파의 삶

엄마는
마지막 부르는
외마디 절규
입 마른 언어
숨 마른 함성이었네

내 영혼 그에게 닿을 때까지
내 소원의 오메가
엄마, 엄마는
언제나 그리움의 외마디

해님 달님

동해 밝으니
배 밀어 나가자
화끈한 열기로 파도를 헤쳐 나가자

만선의 구릿빛 사공이
닻을 올려 귀향의 노래를 부를 때
달님 얼굴 하나 동행을 한다

밤새워 집에 둔 그리움
조금씩 조금씩 가까워지는구나
곱고 둥근 임
얼굴이 눈에 어른거리니
해님은 황혼에
심술이 나나 보다

사랑방

석양길
달그림자 따라 걷는
나그네 쉴 곳을 찾는다

등불도 기우는 저녁 마을
개 짖는 소리

눈 내리는 사립문 열려 있어
사랑방 하나 열어 반긴다

아궁이에 불 지피고
물 한 대접 들여놓으며
'말씀 하나 더 드립니다'

저 중천에 벗 하나
달님도 모셔다가
함께
잘 쉬어 가란다

권은영

해님이 서산으로 가는 사연 • 믿음 2 • 보리피리 내 고향
호드기의 추억 • 메르스는 가고
불청객 코로나바이러스 • 배꽃 마을

해님이 서산으로 가는 사연

서산에 걸려
숨이 차오른 달님
급한 몸짓으로 손짓을 한다

잠결에 반쯤 눈뜬 해님
두 손 불끈 쥐고
붉은 쇳물 모두 퍼 올려
세상에 뿌려 놓고

가녀린 손짓 못내 그리워
서산으로 서산으로
찾아 나서는데

구름은 무지개 사다리 들고
바람은 서풍 불러
힘을 보태
함께 간다

믿음 2

아직 미명 눈도 뜨지 않고
손을 뻗으니
안경이 잡힌다
어제와 같은 오늘

샛바람 차가워 봄소식 이른데
주차장 하이얀 줄 사이
두꺼운 시멘트 실눈썹 틈새
노오란 민들레 한 송이 피었네
나는 뛰는 가슴으로
생명을 본다

자고 나면 아침이 온다는
의심 없는 믿음

동이 트면 어둠이 가고 빛이 오듯
숨을 쉬어 하루가 깨어나듯
태초부터 계시는

그분이 지금도 내 옆에
없는 듯 계심이여

보리피리 내 고향

오십천 숨결 스민
아리아리 아지랑이
보리밭 퍼런 물결 위에
내려앉으면
오빠의 보리피리
바람 손잡고 흐른다

강물은
넓은 세상 바라
이 마을 저 마을 소식
구름 불러 주절주절
친구 하며 가고

말 못 하는
파도는
수평선 구름 말아 와
고향의 산과 들
그리고 지우고 그리고

어느 화백의

작품이라 이름할까

호드기의 추억

눈 몇 번 감았다 떴을까
그사이 흰머리 되었다
오늘 들녘 나가 추억 하나 주웠지

어릴 적 보리밭 고랑 밟다가
호드기 뽑아 오빠 따라
불던 추억

내 앞에 보리들이 자라 섰네
들녘은 넓은데 부는 아이 하나 없고
나만 한 대궁 뽑아
분홍 목도리 하늘대며
불어 본다
바람이 불 때마다
보리 대궁들이
우우 누우면서 자꾸
옛일만 안겨 주는데

푸른 대궁 위에

빙긋 웃는

오빠 얼굴

메르스는 가고

삼성병원 나무마다
매미가 운다
팔 벌려 안타까이 기도하는 나무들
기도 소리들 받아 모아
매미들이 하늘을 향하여 올린다
맴 맴 매앰
메르스 메르스……

또 한 사람 얼굴 잃는다고
삼성병원 얼굴 잃는다고

아파트 창문마다 소망의 연이 오르고
나무들은 손들고
매미와 합심하여 기도 올린다
소망의 연줄들은 기어이
메르스를 도르르 묶어
오늘도 바람 차에 실려 보냈다

흰 가운 청진기에 소올솔
향기가 피어오르고
병실마다 오랜만에
웃음꽃 피어오르니
지나는 얼굴들도
화알짝 피어난다

불청객 코로나바이러스

동대문시장은
늦잠을 즐기고
길고양이 먹거리 찾아 서성이는데
교실 앞뜰에 핀 철쭉은 외로워
고사리손 친구 찾아 이리저리
고개 돌린다

많은 사람들이
옷짐을 싸안고
병원 셋방 얻기에
이리 뛰고 저리 뛴다

도시가 흔들린다
온통
지구 위가 마구 흔들린다

텔레비전만 종일 바쁘다
누구는 마스크를 주고 가고

누구는 적금을 놓고 가고
소복소복 사랑 쌓이는 소리들

찬송 멎은 교회 앞을 서성이며
소돔 성 말씀에 화살을 맞은 듯
피 흐름이 난다

무릎 접어
옷을 찢고 가슴을 열어

이때가
유월절 어린양
피 뿌릴 때니이까

엄마 잃은
아가의 저 울음소리
들어 주옵소서

긍휼히 보옵소서
긍휼하심 베푸옵소서
소망의 밧줄
내려 주옵소서

배꽃 마을

옛날 옛적부터
학의 꿈이 쌓여
하얗게 피었나
수줍게 웃는
정갈한 흰 꽃

밤이 낮 되어 흐르는
여기 신촌 동산 배꽃 마을
풋풋한 웃음이
종일 넘실댄다

갈피마다 학의 꿈을 수놓아
서리서리 펼쳐 가는
오롯한 꿈의 고향

김
국
애

고마운 해국 • 감꽃 목걸이 • 만산홍엽 • 봄의 기별
어머님 전상서 • 피클을 담그다 • 눈물의 환희

고마운 해국

지난봄 친구가 집을 지었다기에
해국 한 그루를 안고 찾아갔다
서로 환한 얼굴을 마주하며
땅을 파고 퇴비를 넣고
반세기의 깊은 정도 함께 버무려
토닥토닥 다독이며 심었다
새 터전 새집이라 서먹하겠지만
가을에는 우정처럼 피어날 거야

어제 친구는 시 같은 사진을 보내왔다
'보랏빛 우거진 해국'
뜨락에 환하게 피어 있으니
사랑과 정성이 담긴 꽃
지난해 모진 추위를 이겨 내더니
해국이 우리 집 여왕 꽃이야
돈독한 우정으로 피어난
우리들의 향기로운 꽃

감꽃 목걸이

고향 친구 꽃분이가
항아리 감 한 접을 보내왔다

유년 시절 우리 집 뒷마당에도
감나무가 있었지
탱글탱글 하얀 꽃 열매 맺어
탐스런 감 열리기까지
줄기 비 얻어맞고 회오리바람이 쥐어흔들어
작은 꽃들 처절하게 떨어졌지
유격 훈련병으로 남겨진 꽃

초연하게 고통 모르는 듯
눈물 줄기 밀어 올려 꽃을 빚었을까
국제 마라톤 우승이라도 한 듯
꽃 꿰어 목에 걸고
감꽃 월계관 쓰고 감동하던 시간
한나절 내내 시들지 않아
하나둘 꽃 따먹던 행복한 날

생생한 금빛 추억
시큼 상큼 달달한 맛
감꽃은 봄을 감축한단다
꺾인 자태 묵화 치신 아버지
감나무 가지 타면 앉은뱅이 된다는데
항아리 감 빚느라 약한 속뼈
숭숭 구멍이 났을까

오늘은 작은 흰 꽃목걸이가
추억으로
유난히 빛나고 있다

만산홍엽

하늘은 궁전
땅은 홍엽
불볕 보듬어도 타지 않네
청천의 뭇별 품어도 넉넉한 하늘
보이는 하늘 너머 비밀한 곳
영혼의 카타르시스

지리한 세상
두터운 절망에 갇히어
번잡한 일상에 잃은 것들
찾을 길 없는 좌절 속에
웬 은혜인가 눈부신 선물
세월에 실려 온 가을

산허리 색동 물들이고
따가운 햇볕 삼경의 별빛
흩날리는 은금 꽃가루
능선에 차분히 쌓인 낙엽

빛나는 모자이크 양탄자

산천에 벌 나비 떼 놀라고
귀뚜라미 쓰르라미
절창의 자진모리 가락
생명의 소리 퍼지는
신비한 만산

봄의 기별

봄이 돌아왔다는
꽃잔디의 손짓에
화들짝 손들어 반기며
뒷마당에 앉았다
눈부시게 파란 하늘 아래
괴물의 영 코로나19
불같은 햇살에 소멸하여라
저 우한 세균 어디서 날아왔나
우환 없는 청결한 세상에
봄 향기 여전히 신선한데
세균의 종착역은 어디인가

거미줄 같은 사선 밟으며
청정의 요새 찾는 절규
어두운 그림자들의 영
서로 눈치 보고 경계하며
방주 찾아 헤매는 사람들
지향 없이 걷는 무거운 걸음

그래도 봄이 왔다
그대들의 소생을 위하여
우리들의 안녕을 위하여
영원을 바라보는 우리들
너와 내 곁으로
희망의 봄은 다시 찾아왔다

어머님 전상서

어느새
석양 노을 붉게 물들고
하염없이 높던 먼 하늘이
가슴 앞까지 내려앉았다

뒷동산에
숲과 나무들도
내 시선 가까이로 다가왔다
억장이 무너져 내리던 그 날은
새소리도 바람 소리도 들리지 않았다

별빛을 바라볼 염치도 없는데
적막을 깨고 구슬프게 들려온 메아리
사랑은 영원토록 변함없네
저만치서 손 흔드는 어머니,
나의 수호천사

어머니

현숙한 나의 어머니
엄마의 멍든 가슴을 댓돌처럼 밟고 서서
11남매의 부끄러운 시간
씻을 길 없는 죄 짐 대신 지고
돌아올 수 없는 길 떠난 어머니
우리들을 용서하소서

영원한 집
고생과 수고가 없는
질병과 고뇌 없는 천국
홀연히 육신의 멍에 훌훌 벗고
영원한 천국에 편히 쉬소서

어머니 묘소 앞의 오후

피클을 담그다

뚜걱뚜걱 무우를 자르고
옥파를 다듬었다
양배추를 반쪽으로 나누어 놓으니
마치 레이스 원단을 켜켜이 쌓은 듯

흙 속에 한 알의 씨앗으로 심어져
땅속에서 죽을 고비를 수없이 이기고
살아온 고통도 함께 통에 넣었다
너희의 희생이 우리의 풍요라며

토막 난 양배추의 아픔과
옥파의 눈물, 무우의 매콤함도
지그시 눌렀다
더 상큼하고 나긋나긋해지면
낮아지고 줄어들겠지

내 청춘의 길이는 길고도 길어서
나는 부족함 없는 부요한 자라는

우월감이 패망의 선봉이라는데
아직 팔팔한 것들을 모두 잘라
푹 눌러 담궈 두었다

눈물의 환희

상아 조각인 듯
흰옷 입은 초 한 자루
자신을 불태우네
흘러내리는 흠결의 눈물
그대는 알았는가

타들어 가는 아픔
순백의 혈액이 된
애절한 천사의 눈물이여
살갗으로 흐르는 전율
그대는 보았는가

깊은 심지 처절한 화형
살과 뼈 녹아내리네
온전히 소진하여 흘린 눈물
어둠 밝혀 준 성결한 천사여
그대는 사랑하는가

양효원

기도 • 길 • 봄밤 • 아름다운 사람 • 임재
어느 한순간에 • 다둑다둑

기도

두 갈래 물줄기 흘러나온다
높은 곳, 성소를 기쁘게 하는
기도의 꽃 핀 자리마다
눈물로 얼룩진 자리
말씀하시고
듣게 하시고
깊은 샘, 터트리시는
성령이시여!

길

너를 만나기 위해 길을 나선다
너에게로 향하는 마음 하나로,
너를 만나면서 나를 만나게 되었다
만남의 길 위에서 시간은 흐르고
온갖 새들이 우짖고 꽃들은 피어나고
강물이 바다를 향해 가듯이
우리의 마음도 넓어졌다
이제는 우리의 길도 넓어졌다
동행하는 사람도 많아졌다
길 위에서 길을 만났다
사람이 길인 것을
이제야 알겠다

봄밤

고즈넉한 봄밤
종려나무 숲이 바람에 흔들림같이
서른세 살 청춘들의 마음은 슬프다

그날이 오면, 해산할 여인같이
둥근달의 차오름같이
나무마다 맺힌 꽃망울의 터짐같이
기쁨의 징조 뚜벅뚜벅
다가오는 발자국 소리

구원의 봄밤,
종려나무 숲이 바람에 흔들림같이
서른세 살 청춘들의 마음은 슬프다

아름다운 사람
– 아가서

그의 시선 안에서
참 아름다운 사람이네
사랑스럽고 고운,
샘솟는 우물이며
졸졸졸 흐르는 시내
온갖 새들 나무에 둥지 트는
철 따라 어여삐 꽃피우는 정원
당신과 나, 단둘이서
함께 가꾸어 나갈 동산이네

임재

분명, 안 계신데 계시네요
일상이 서서히 깨어나네요
뿌리에서 생명이 돋아
새싹이 쏘옥 움트고
잎이 활짝 펼쳐지고
꽃 기둥이 훌쩍 솟구치더니
꽃잎이 서서히 피어나네요
보랏빛 분홍빛의 선율
아름다운 음악처럼,
넓게 넓게 퍼져 가네요

어느 한순간에

어느 한순간에
머나먼 옛날부터 저를 아신 듯
저도 모르는 저를 아신다는 듯,
무척 익숙하신 다정하심으로
저에게 말을 걸어오시네요
울게 하시고 웃게 하시고
버리게 하시고 세우게 하시고
용서하게 하시고 품게 하시네요
사랑의 이름으로
사랑의 이름으로
바람결 따라 나뭇잎이 살랑대듯이
저의 심장을 부비시며,
오늘도 저와 함께 사시네요

다둑다둑

햇살처럼, 다둑다둑
교회 예배를 마치고 나오면서
존경하던 한 분 권사님을 만났네
장성한 아들이 함께 나오며
엄마의 등을 다둑다둑하네
여름풀같이 씩씩하시던 권사님
키도 음성도 작아지셨네
아들을 바라보시던 따사로운 눈빛
햇살 같았네, 다둑다둑
아들이 어릴 땐 권사님이 아들 등을
얼마나 다둑다둑하셨을까
아들이 장성한 후 바뀌었네
엄마를 바라보는 아들의 눈빛
무한한 신뢰와 존경, 사랑과 기쁨
사랑나무에 달린 생의 열매
아름다운 한 폭의 그림,
오래도록 잊혀지지 않네
서로, 다둑다둑

윤
병
옥

원추리꽃 · 봄날 · 길상사에서 · 새벽에 · 칸나 · 잔설 · 항아리

원추리꽃

뻐꾹새
울고 간 자리
울음마다 꽃잎 되어
원추리꽃 피었다

숲 그늘 깊어서
임 오시는 길 잃을까
꽃 등불 켜 놓고

긴 대궁 안으로
그리움이 차올라서
목을 빼고 서 있다

봄날

아무도
그 여윈 가지 끝을
손으로 한번 쓸어 준 적이 없다
그저 제 갈 길만 가고 말 뿐
늘 바람만 스쳐 지나갔는데

어느새
사랑이 머문 자리이듯
푸를 듯 노랄 듯 꽃눈들이
손마디로 잰 듯 줄을 서서
반쯤이나 입을 열고 있다

바람은
저 먼 하늘의 숨결
사람은 한 번도 못 하는 일을
제 살에 꼭 맞게 빚어내는
우주의 날숨

한번 빌어 오고 싶다
지극한 소망으로
한 땀도 놓치지 않고 받아 키우는
모성까지를

길상사에서

상사화 꽃잎이 짓물러서
더 진한 주홍빛으로
산사의 초가을이 불타고 있다
아주 오래전
너를 심어 놓고
애타게 부르고 싶은 이름을
하늘이 알기를
땅이 불러 주길 바랬던 건 아니었을까
주홍빛 얼굴에
마음 비비며 울던 그 여인은
긴 여름을 기다려
뜨거운 노을로 가슴을 태우고 돌아설 수 있었겠지
꽃빛이, 노을에 마음까지 붉은
길상사의 구월

새벽에

만상에 이슬 내리는
그 들리지 않는 소리가
들리는 새벽
하늘은 무채색 속살로 내려와
작은 풀잎 목덜미를 간지르며
잠을 깨운다

가득하여라
억겁을 쏟아낸 사랑 남아
하늘은 아직 뿌연 여명인데

땅끝 어느 산을 넘어오고 있는 아침은
정령 아름다운 생명을 위한 축복이다

칸나

삼거리 울 낮은 집 마루 끝에 서서
진하게 입술 바르고
지나가는 미군 트럭 넘겨다보던
미자네 큰언니
가끔은 눈이 노란 미군 졸병이
휙휙 휘파람 불면
반기듯 희디흰 이 내놓고 웃던 그녀
6·25 전쟁통에 두 아들 잃고
헛소리만 해 대는 노모 시중 진력이 나서
차라리 꽃이 되고 싶었나
온 동네가 쑥덕이던 그 소문 속에
자갈길 먼지 일다 그치듯
종적을 감춘 그녀
나 철들고 나서
울 너머를 내다보는 붉은 칸나꽃 만나면
미자 언니 제집 찾아 다시 온 듯해
한참을 섰다 돌아서는
이 버리고 싶은 기억

잔설

산울림 잠재우던 순백의 꽃이
한낮의 꿈으로 스러지다가
골짜기 찬 그늘 베고 누웠다

지친 고요가
계곡으로 스치는 바람결에
제 눈물로 마른 등걸을 적신다

얼만큼을 울어야
저 깊은 땅속에서 봄을 불러낼까

삼월에도 녹지 않는 잔설 위에
푸른 잎 빌어다 얹어 놓고
눈물은 꽃이 되었다 할꺼나

항아리

아직 작은 키로 너를 만나면
까치발을 딛고 들여다보았지
물이 고인 너는
단발머리 내 얼굴을 반쯤 보여 주기도 하고
비어 있을 때 아- 하고 부르면
어김없이 대답하곤 했지
그 대답이
텅 빈 허공의 소리인 걸 알았을 때는
내 가슴에서도
서늘한 그 소리가 나곤 했어
도무지 먼저 말을 꺼낼 줄 모르는 너
그 속으로 가라앉고 있는 이야기들에게
조용히 뚜껑을 덮고 돌아섰지
지금은 베란다 한구석에서
배가 불러 비켜설 수도 없는 너에게
내 허기진 목소리로 다시 부르면
그때처럼 대답해 주겠니

장정자

동행 • 그리움 • 나의 자매 • 라일락꽃 향기처럼
심방 • 어머니 • 꽃비가 내립니다

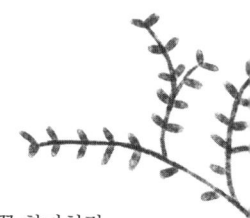

동행

꽃잎 같은 순수로
해맑음을 퍼 올리는 사람

숱한 계절을 건너는 동안
막힌 물꼬를 터 주는 사람

빛 부신 아침 뜨락에
고요히 나래 접는 학 같은 사람

살아갈수록
가까이 더 가까이
그리운 손 내밀어 주는 사람

그리움

이런 날이 있을 줄은
꿈에도 몰랐어요

주일 아침 코로나19로 국가가 내린 시행령에 따라
난생처음 영상 예배드리려
남편과 나란히 컴퓨터 앞에 앉았어요

부목사님의 인도에 따라 일어서고 앉는데
가슴이 아파서
그렁그렁 맺힌 눈물이 흘렀습니다

한자리에 모여서
하나님께 경배와 찬양과 영광 돌리던 시간
영과 진리로
마음속 깊이 말씀 새기며
기도 회개 감사 사랑 감격으로
주님께 예배드리던 그 시간,
이처럼 물밀듯이 그리워질 줄은

예전엔 몰랐습니다

사부작사부작 오가며 정겹게 인사하던
영롱한 얼굴들 사랑하는 지체들
못 본 지 여러 날 한참,

일상의 그 시간 시간이
보석 같은 시간인 줄 이제야 깨닫습니다

나의 자매

어머니라는 한 그루 생명나무에서
새 생명을 얻은 우리 자매들은
모습도 성품도 달란트도 제각각
환경도 삶도 제각각입니다

그래도 그 크신 주님 안에서
놀라우신 사랑과 은혜로
철없던 시절의 시샘과 섭섭함을 버리고
삭이지 못한 갈등과 고뇌도 씻어 냅니다

네 손에 있는 것이 무엇이냐,
주님의 물음 앞에 겸손히 무릎 꿇고
서로서로 나누고 채워 가며 익어 갑니다

오순도순 오롯이 길에 서서
저 높은 곳을 향해
소망과 감사로 걸어갑니다

나에게 자매가 있음은
하늬바람 같은 기쁨입니다

라일락꽃 향기처럼

시누이가 보낸 선물 보따리를 풀었습니다
햇볕에 말려 고슬고슬한
자연산 고사리, 취나물, 고구마 줄기, 호박고지, 시래기,
검은 쌀, 들깻가루, 조선간장, 시누이의 정성이 가득 담겨 있습니다

뇌수술을 한 그의 남편을 지극정성 간병하는 시누이는
힘든 내색하지 않고
남편이 살아 옆에 있는 것만으로도 감사하며 삽니다
그 어려움 속에서도
언제 이렇게 많이 준비하여 보냈을까
생각하니 가슴 저밉니다

잘한 것도 없는 올케에게 꾹꾹 눌러 보낸 사랑
나는 무엇으로 보답할까
오랫동안 풍성해질 식탁을 떠올리며
취나물을 삶아 들기름에 볶습니다

아파트 입구를 나설 때마다
실어 나르는 라일락꽃 향기처럼
나에게 자잘한 기쁨을 안겨 줍니다

심방

물이 내려갈 길을 찾지 못하는
기나긴 인생행로를 걸어오신
103세 어르신을 만나 뵈러
부목사님, 집사님과 함께
심방을 갔습니다

떨리는 마음 누르며 안방에 들어서니
햇볕 잘 드는 창가 침대 위에
모자와 안경, 마스크로 얼굴 가린 채
반듯이 누워 계십니다

사흘째 물을 넘기지 못하신다고,
긴 잠을 주무시는지 미리 천국 잠에 드셨는지,
희미한 숨소리조차 들리지 않습니다

고희를 넘은 며느리가 사랑으로 올린
삼시 세끼니 따뜻한 밥상 덕으로
고즈넉이 늙으셨나 봅니다

그 손길에 감사와 평강이 함께하시라고
천국을 향한 환송 예배를 드렸습니다

어머니

아침 산책길
길게 누운 홍자색 자운영꽃 빛깔 너머로
나물 캐던 고향의 들녘이 내려앉습니다

작은 소리조차 없이 웃으시던
새벽마다 무릎 꿇고
간절히 기도의 연줄을 붙잡고
한평생을 사신 어머니

결빙된 그리움이
가슴을 누빕니다

두 무릎으로 세운 십자가를
묵묵히 등에 지고
눈물의 기도로 자식을 가꾸셨습니다
어머니는

받기만 하고

돌려 드리지 못한 사랑 때문에
굽이굽이 아파 옵니다

내가 홀로 걷는 길 어디에나
살며시 찾아와 기다리십니다
어머니

꽃비가 내립니다

꽃비가 내립니다
나뭇가지마다
꽃눈이 열립니다

구름 수레로 달려 눈물 골짜기를 지나고
폭풍우 몰아치던 들녘을 지나
맑은 물 샘솟는 우물 곁으로
먼 길을 한달음에 달려옵니다

굳건한 마음의 집 한 채 짓고
홀로 걷기도 하고 함께 뛰기도 합니다

한 알의 씨를 뿌려
많은 열매를 얻게 하신
주님이 주신 텃밭에는
어느 열매 하나도 소중하지 않은 것이 없습니다

빛바랜 간이역에도

봄비가 내려 마른 대지를 적시고
연분홍 꽃이 피었습니다

조
규
원

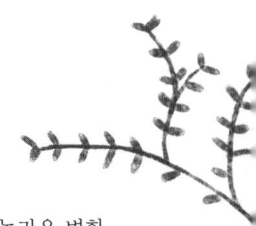

산 위에서 듣고 • 신앙생활 • 주의 일 할 때에 • 놀라운 변화
갈급 • 요즈음 기도 • 예배

산 위에서 듣고

인간적이고
가장 인간적인
그분이 그립다

사람이
사람다워진다는 게
얼마나 좋으랴

욕심 불평 화냄
아무런 의미 없어
요동 없는 평화네

심령이 가난해지니
채울 것은
오직 그분으로

신앙생활

예수 믿는 게
어렵다고?

연애하듯 해 봐
얼마나 좋은지

보고 싶어
늘 말씀 보고

듣고 싶어
기도하고

함께하고 싶어
봉사하고

설레는 마음으로
예배 때 만나고

늘 함께
행복 속에 사는 거지

주의 일 할 때에

은혜 맷돌은 돌아도
소리가 나지 않아

부모가 자녀에게
자녀가 부모에게 잘하듯

받은 거 깊이 깨달을수록
더 드리고 싶어

하나님과의 사랑 관계도
마찬가지

주 앞에 하는 충성
자랑할 거 하나 없어

마땅히 할 것 한 것뿐
다만 저는 무익한 종이라고

주님 생각하면
힘들어도 즐거워

이 땅에서 그 어떤 보상
바라지 않아

하늘에 상급
주님 칭찬 한마디로 족하니

놀라운 변화

아낌없이 주는 사랑
어디서 만날까 했는데

십자가 사랑받고 보니
안고 있던 내 사랑 너무 부끄러워

갚아도 바쳐도
어찌 다 갚을까

그 사랑 불 되니
가슴 내질러 참을 수 없네

내 이웃에게 이 사랑
나누며 살아야지

갈급

흐려 볼 수 없고 만질 수 없어도
더 가까워지고 선명해진다면
온 정성 거울 닦겠습니다

쫑긋 귀 열고 눈 모아
오시는 바스락 사뿐 발자국
옷깃 스치는 바람 소리까지 놓치지 않으렵니다

이미 깊어진 질병
달궈질 대로 달궈져
손만 스쳐도 흩날릴 가루입니다

어느 날 떨어지는 생명수 한 방울
기다리고 기다려 놓치지 않고
입 크게 벌리고 손 모으고

온몸 바싹 말리고 말리다
애마저 말린 스펀지 되어
보고픈 주님으로 몽땅 채우고 싶습니다

요즈음 기도

그리 마옵소서
저희는 풀잎입니다

부는 대로
이쪽저쪽으로 쓰러집니다

전지전능하신 주여
깊으신 뜻 감당하기 힘드나이다

신앙 좋고 봉사 잘하는 젊은 집사님
일하다 넘어져 뇌진탕 혼수

살려 달라 그렇게 기도해도
말 한마디 못 하고 갔습니다

충성스러운 장로님
뇌출혈로 쓰러진 후 후유증에 시달리고

교통사고로 가신
장로님이신 아버지가 떠오릅니다

내주시는 문제
풀 수 없사오나

하나님 하시는 일은
모두 선하시고 의로우심 믿습니다

좁은 머리 삭은 믿음의 이 가슴에도
조금이라도 이해를 주옵소서

주여 그리 마옵소서
그러나 아버지 뜻대로 하옵소서

예배

중환자 왔습니다
세상 의사들 다 포기하여
소망은 하늘 하나님뿐입니다

찬송과 기도 주님께 올리지만
사실은 신음 소리
삶이 그렇습니다

그래도 주님 보고 싶고
음성 그립습니다
말씀의 링거도 꽂아 주세요

새 능력 받아
받은 은혜 다 갚지 못해도
나가 꼭 갚고 싶습니다

천
옥
희

녹차밭 · 그분 · 생명의 빛 예배당 · 파도 소리 · 그 손
함박눈 · 날마다

녹차밭

여기 잠시 앉아서 차 한 잔 드시지요
아가의 웃음같이 부드러운 햇볕과
연초록 수줍은 마음 담아내 드릴게요

구슬처럼 부셔 오는 하늘빛 사랑을
너무 벅차 차라리 눈을 감는 그리움을
바람이 노래하네요 차 한 잔 드시지요

그분

생각만 하여도 참 좋은 그분은
가만히 불러 보면 정답게 다가오고
푸르른 하늘빛 속에 환하게 미소 짓네

따스한 햇살 내려 쓰다듬는 그분은
만나처럼 이슬 내려 지은 것 키우시고
십자가 보혈의 사랑 새 생명을 주셨네

흐르는 강물 따라 강둑길 걸어갈 때
오늘보다 나은 내일 바라보라 하시며
나직이 말씀하시네 참 사랑한다고

그리움 가득 안고 그분께로 나아가면
부끄럽지 말라고 사랑하며 살라고
동행해 주신다 하네 다스림 받으려네

다시 오마 약속하신 그분을 기다리며
작은 꽃씨 하나로 송이송이 꽃 피우고
오시는 그날이 오면 꽃향기 드리려네

생명의 빛 예배당*

양지바른 산 중턱 생명의 빛 예배당
엄마는 기도하고 아이는 찬양하고
우러러 사모하는 맘 주님 닮고 싶어라

종소리 울려라 잠자는 자 깨워라
예수님 다시 오실 그날을 고대하며
생명 빛 온 누리 비춰 주님 나라 이루리

* 생명의 빛 예배당 : 경기도 가평군 설악면 봉미산안길 338 – 32 소재

파도 소리

해무에 젖은 달빛
그림자도 없는데

되갈 수 없는 뭍길
보채는 파도 소리

떠나와
그리운 것은
그립도록 놔두렴

그 손

미욱한 마음이라 깨칠 줄도 모르고
부딪쳐 찢기고서 아파 소리 지를 때에
싸매고 쓰다듬으신 당신 손이 있더이다

사방엔 바람뿐 목이 타는 그날에
빈 하늘 바라보며 갈 곳 몰라 섰을 때
부르며 손짓하시는 당신을 만났지요

부끄러 부끄러워 숙어지는 고개를
가만히 올려 주는 못 자국 난 당신 손
눈물을 씻겨 주시는 당신 손이 크나이다

함박눈

허공을 휘저으며 펄펄펄 내리는 눈
꼭꼭꼭 눌러둔 그리움이 터진 거야
솔잎에 꽃으로 앉아 저를 보러 오라네

날마다

깊은 산 옹달샘에 물 퐁퐁 솟아나듯
마음속에 가득히 주님 말씀 차올라
날마다 말씀의 향기 번져나게 하소서

살면서 그려지는 여러 무늬 노래를
소리 없이 불러도 들으시는 주님께
날마다 좀 더 가까이 나아가게 하소서

등불 켜는 맘으로 주위를 둘러보고
징검돌로 놓이듯 이웃을 섬기면서
날마다 주님 닮도록 동행하여 주소서

최
재
은

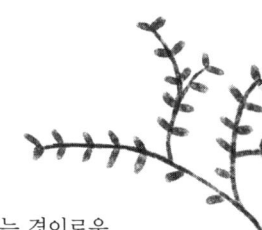

갯벌 • 봄의 부름 • 그 봄날처럼 • 경청하는 경이로움
그분의 음성 • 나 비록 작지만 • 비가 오면

갯벌

청솔가지 지게에 싣고
산에서 내려오시는 할아버지는

갯벌로 나간 할머니를 마중 간다

솔가지 지게 위에
할머니를 태우고
집으로 갈 때
작대기 짚은 손등 위에
땀방울이 떨어진다

낙지를 움켜쥔 할머니 손등에도
땀방울이 떨어진다

봄의 부름

봄바람 타고 오시는 꽃송이들이여!
팡파르 울려 퍼지는 꽃들의 행진곡에

면사포 쓴 신부의 첫 발돋움과 같습니다
반가워 소리치는 바람 속의 꽃향기

그 향기 속으로 사라진 꽃들의 남은 자취
훌훌히 떠나려 하는 꽃들의 여운

그 여운의 길을 더듬으며
하염없이 따라가고 싶어요

그 봄날처럼

광야는 끝없이 펼쳐져 있지만
내게 허락된 것은 작은 공간
그 속에 홀로 앉아 있다

텅 빈 가슴
실오라기 같은 빛줄기
그 사이로 비치는 햇살

잿빛 대지 위에
푸른 풀이 솟아오르고
꽃들이 피어나고
물고기가 뛰노는
그런 봄날이 내게 오려나

혼돈의 세월은 지나가겠지
잔설 속 우뚝 선 소나무처럼
나도 그렇게 피어나고 싶다

경청하는 경이로움

누구에게나 들리는 것은 아니다
내가 소망하는 것은
경청하는 귀가 열리었으면

누구에게나 보이는 것은 아니다
내가 빛을 알고부터 바라는 것은
제대로 보는 눈을 뜰 수 있다면

이토록 간절하건만 깨닫지 못하는
내 어리석음, 불 밝혀 주었으면
훈풍처럼 전해지는 온유한 그의 마음을
내 가슴에 품어서 노래할 수 있었으면

나 지금 듣고 싶다, 당신을 향한 귀로
나 지금 보고 싶다, 당신을 향한 눈으로
하늘에서도 땅에서도
오로지 한 분이신 이
그분을 향하는 경이로움으로

그분의 음성

둥근 해처럼
둥근 달처럼
총총한 별처럼 항상
내 곁에 있어
나를 지켜주시는 그 눈길

눈이 내려도
비가 내려도
꽃이 필 때도
낙엽이 질 때도
그분의 음성이 들립니다

하늘에 뜬 솜구름으로
대지에 돋아나는 초록의 풀밭으로
살랑살랑 불어오는 실바람 소리가 보입니다

나에게도 생명을 주신 분
그분의 말씀을 엿듣고 있습니다

나 비록 작지만

시냇가의 작은 조약돌이
양치는 소년의 손에 쥐어져
거대한 거인을 이길 수 있는 것을
사람들은 알고 있을까

한 여인이 기름 한 방울
한 움큼의 밀가루로
나그네를 대접했을 때
여인의 운명이 달라지는 것을
사람들은 알고 있는가

갑옷도 없고 활도 없는 작은 용사도
누구의 손에 의지하느냐에 따라
이길 수도 있고 질 수도 있다는 것을
사람들은 알고 있는가

몇 개의 돌이라도
몇 개의 떡이라도

그분의 손에 쥐어질 때
믿음의 이적(異蹟)이 이뤄진다

나 비록 작은 손이지만
그분에게 모든 것을 드립니다

비가 오면

빗소리 후드득
비 오시는 소리
그의 발자국 소리 같습니다

빗소리에 맞추어
노래하며 함께 걸어갑니다

젖은 마음에
내 몸을 담급니다

나도 당신처럼
젖고 싶어서 끝없이 따라갑니다

빗소리 들으며
차를 마실까요
글을 쓸까요
노래를 부를까요

헤어지는 시간이 못내 아쉬워
망설입니다

한
해
경

강물로 흐르네 • 당신은 화가 • 동백꽃 • 미로
신호등을 기다리며 • 알바트로스 • 수국

강물로 흐르네

바라보이는 저쪽 강변에
무명옷 입으신 이
늠름하신 이
겸손하고 당당하신 분
입은 옷 그대로
붙잡은 것 버리고 날 오라 하네
유유히 흐르는 금빛 물결
모든 것이 다 흘러가고 또 흘러가도
흐르지 않을 보석
영원히 남을 보석
나 지금
그에게 달려가네

당신은 화가

접시꽃이 핀 개울가를 걸었습니다
아름다운 여름밤
갈대는 내 키만큼 자라 바람에 흔들리고
한낮의 뜨거운 볕에 숨었던 송사리 떼가
물속에서 헤엄을 치나 봅니다
물가에는 한 줄로 늘어선 버드나무
그 튼실한 그루마다 이름을 붙여 주고 싶습니다
하늘냉이가 핀 개울가로 천천히 되돌아오는
여름밤은 이내 고즈넉합니다
버드나무 위에 별들은 무더기로 쏟아지고
달맞이꽃이 저렇게 활짝 피었는데도
나는 시 한 줄도 쓸 수가 없습니다

오색 물감을 마음대로 풀어서
하고 싶은 말씀을 이렇게 그려 내신
당신은 화가
천지는 당신의 캔버스
캔버스에 시를 쓰는 당신은 화가이십니다

동백꽃

깨어진 화분에서도 꽃이 필까
그러나 그들은 작정을 했나 보다
뿌리를 하나로 뭉쳤나 보다
빨간 꽃봉오리 활짝 피었다

피었는가 했더니 지고 있다
눈물을 떨구듯 뚝뚝 떨어지고
새 봉오리 새 떼같이 발갛게 올라온다

만남은 짧고 기다림은 길어라
꽃 진 나무에 물을 줄 때마다
나 그대를 사랑한다는 꽃말
내가 동백에게 전하고 싶은 말

미로

내 머릿속에서
크래커 부서지는 소리가 나더니
전구가 나갔다
암흑
어디서부터 길을 찾을까

미로 같은 터널 속에서 주저앉을 듯
어둠 속에 길을 더듬어 간다
번쩍 불이 들어오기를 기다리며
터널 속에서 한 발짝 두 발짝 떼어 본다

"길을 잃을 수도 있어요. 정신 차리세요"
들려 오는 미세한 음성
어두움이 어찌할 수 없는 작은 빛 하나
그 빛을 따라 걷는다

길고 긴 터널을 빠져나왔다
눈이 부시다

나 어디서 다시 살까
나 어디서 다시 무엇으로 살까
하늘을 보며 두 손을 모은다

봄비는 내리고
가지에는 새 움이 돋고 있다

신호등을 기다리며

친구여, 함께 걷던 그 길을 혼자서 걸어간다

언덕을 내려와 마을을 지나고
신작로 네거리에서 신호등을 기다린다
물결처럼 흘러가는 무수한 사람들 속에
이 시간도 흘러가서 어제가 되겠지

우리들의 발자욱, 그 씨날로 옷감을 짜서
봄에는 복사꽃, 여름에는 함박꽃,
그리고 가을에는 단풍잎 무늬
추운 겨울 투명한 바람의 무늬까지
우리가 변한들 어찌 알 수 없을까
서로의 향기를 구별할 수 있을 거야

우리들의 웃음과 눈물, 우리들의 꿈과 이야기
그날의 햇살과, 그날의 바람과 비야, 어디로 갔는가

골목의 어린아이들은 어디로 갔는가

이제는 돌아서서 갈 수 없는 시간
나는 지금 혼자서 광야를 걸어간다

알바트로스

몸이 비대해서 날지 못하는 새
날개가 거추장스러워 접어 버린 채
뒤뚱뒤뚱 땅 위를 걸어 다니며
조롱받는 새
바보 새
언제나 날개를 펴고 저 뭇 새들처럼
날아 볼까, 숨어서 울던 새

그러나 천둥 번개 치던 어느 날,
거센 비바람이 몰려오던 날
뭇 새들이 무서워 낮게 낮게 숨어들 때
드디어 너, 알바트로스여
높은 절벽에서 뛰어내리는구나
거대한 먹구름을 가르고
몸을 띄우는구나, 날아오르는구나
가장 멀리 가장 높이 날기 위하여
오늘을 눈물로 기다렸구나

네 마음의 그늘은 벗겨지고
움츠렸던 욕망을 분출하는구나
폭발하는 화산의 응축된 저 힘
모든 이들의 박수와 놀라움 속에
활공하는 자랑으로 빛나는 깃털
신천옹이라는 이름을 되찾았구나

수국

여름 하늘 아래 곱다
수맥에 뿌리내려
피어난 수국
꽃잎마다 물 흐르는 소리
연보라 연분홍 부드러운 꽃 무더기
산을 내려왔건만
내 가슴에 피어 있네

| 남서울교회 동인 시집 5 |

수금을 울리다

초판 발행일 2020년 6월 30일

지은이 지성찬 이난수 임만호 권은영 김국애 양효원
　　　　 윤병옥 장정자 조규원 천옥희 최재은 한해경
펴낸이 임만호
펴낸곳 창조문예사
등 록 제16-2770호(2002. 7. 23)
주 소 서울 강남구 선릉로112길 36(삼성동) 창조빌딩 3F(우: 06097)
전 화 02) 544-3468~9
F A X 02) 511-3920
E-mail holybooks@naver.com

책임편집 장민혜
디자인 이선애
제 작 임성암
관 리 양영주

ISBN　979-11-86545-84-3 03810
정 가　10,000원

※ 잘못된 책은 바꾸어 드립니다.